SONNE · MOND
UND · STERNE

- *Erstes Lesealter*
- *Große Schrift*
- *Viele farbige Bilder*
- *Bekannte Autoren*

Christine Nöstlinger

Feriengeschichten vom Franz

Bilder von
Erhard Dietl

Verlag Friedrich Oetinger · Hamburg

Alle Franz-Bände auf einen Blick:

Geschichten vom Franz
Neues vom Franz
Schulgeschichten vom Franz
Neue Schulgeschichten vom Franz
Feriengeschichten vom Franz
Krankengeschichten vom Franz
Liebesgeschichten vom Franz
Weihnachtsgeschichten vom Franz
Fernsehgeschichten vom Franz
Hundegeschichten vom Franz

sowie die Sonderausgabe
Allerhand vom Franz

Die Geschichten vom Franz sind auch als Hörkassetten bei Deutsche Grammophon erschienen.

Nach den Regeln der neuen Rechtschreibung gesetzt

Erstmals erschienen 1989 mit Schwarzweißillustrationen
im Verlag Friedrich Oetinger, Hamburg
Einbandgestaltung: Manfred Limmroth
Titelbild und farbige Illustrationen: Erhard Dietl
Litho: Die Litho, Hamburg
Druck und Bindung: Mohndruck GmbH, Gütersloh
Printed in Germany 1996/II

ISBN 3-7891-0527-9

Was man über den Franz wissen muss

Der Franz ist acht Jahre alt. Er hat eine Mama, einen Papa und einen großen Bruder, den Josef. Er hat eine Oma, die lebt im Altersheim. Er hat eine Freundin, die Gabi. Die wohnt neben dem Franz und ist auch acht Jahre alt. Aber sie ist um einen Kopf größer als der Franz. Der Franz ist nämlich sehr klein. So klein, dass ihn die Leute fragen: „Kommst du bald in die Schule?"

Das ärgert den Franz. Er schneidet den Leuten, die so dumm fragen, immer ein Gesicht. Und dann sagen die Leute: „Du bist aber ein böses Mädchen!"

Das ärgert den Franz dann noch mehr und er streckt den Leuten die Zunge

heraus. Dagegen, dass er so klein ist, kann der Franz nichts tun. Aber dagegen, dass man ihn für ein Mädchen hält, kann er schon etwas tun. Eine Zeit lang hat sich der Franz eine Glatze rasiert, weil Mädchen keine Glatzen

haben. Eine Zeit lang hat er seine Haare mit Haar-Gel zu Stoppel-Borsten verklebt, weil Mädchen keine Stoppel-Borsten-Frisur haben. Doch nun lässt der Franz seine Haare wieder zu blonden Ringellocken wachsen, weil die Gabi gesagt hat: „Ich

liebe blonde Ringellocken über alles!"
Dafür trägt der Franz jetzt immer eine Krawatte. Am Handgelenk hat er eine riesige Uhr. Breite Hosenträger und Cowboystiefel hat er auch. In seiner Hosentasche steckt ein Messer in einem Etui mit aufgemaltem Totenkopf. Und vom Hosenbund baumeln dem Franz Zwickzange, Bohrer und Schraubenzieher.
Der Franz denkt: Nur ein Erz-Depp hält ein Kind mit Krawatte, Hosenträgern, Riesenuhr, Cowboystiefeln, Messer, Zange, Bohrer und Schraubenzieher für ein Mädchen! Und um das, was ein Erz-Depp meint, muss man sich nicht kümmern!
Mit der Stimme hat der Franz auch Ärger. Die wird piepsig, wenn er wütend, traurig oder aufgeregt ist. Darum tut er

sich beim Streiten mit anderen Kindern schwer. Er kann drohen, schimpfen und fluchen, so viel er will, die anderen Kinder lachen bloß. „Pieps-pieps“, äffen sie ihn nach. Sie verstehen gar nicht, was der aufgeregte Franz piepst.
Nur mit der Gabi kann der Franz richtig streiten. Die kennt ihn von Geburt an und versteht ihn auch, wenn er piepst. Aber oft, wenn sie gemein ist, tut sie so, als verstünde sie ihn nicht. Piepst der Franz wütend „Blöde Kuh“, fragt sie scheinheilig: „Wie bitte?“
Wiederholt der Franz „Blöde Kuh“, wiederholt sie scheinheilig: „Wie bitte?“
Piepst der Franz zum dritten Mal „Blöde Kuh“, sagt sie: „Tut mir Leid, ich versteh nur Bahnhof.“
Da könnte der Franz vor lauter Wut

zerplatzen. Nur weil er weiß, dass sich die Gabi darüber freuen würde, tut er es nicht. Er nimmt einen Zettel und schreibt darauf: BLÖDE KUH!
Den Zettel knüllt er zusammen und wirft ihn der Gabi an den Kopf.

Worauf sich der Franz freut

Der Franz hat viermal im Jahr Ferien. Einmal zu Weihnachten, einmal im Winter nach dem Zeugnis, einmal zu Ostern. Und einmal im Sommer. Nie kann sich der Franz entscheiden, welche Ferien er am liebsten mag.
Einmal denkt er: Die Weihnachtsferien! Weil die mit Christbaum und Geschenken anfangen!
Einmal denkt er: Die Sommerferien! Weil die am längsten dauern.
Einmal denkt er: Die Zeugnisferien! Weil es da schneit und weil ich dann Schi laufen kann.
Einmal denkt er: Die Osterferien! Weil ich da mit der Oma zum Kugler-Bauern

fahre. Eigentlich ist es so: Die Ferien, die als Nächste dran sind, mag der Franz am liebsten!

Schon am letzten Ferientag im Sommer fragt der Franz: „Wann fangen die Weihnachtsferien an?“
Und am letzten Tag der Weihnachtsferien

fragt er: „Wann gehen die Zeugnisferien los?“
Und am letzten Tag der Zeugnisferien fragt er: „Wann gibt’s denn Osterferien?“
Und am letzten Tag der Osterferien fragt er: „Wann fangen denn endlich die Sommerferien an?“
Könnte sich der Franz nicht immer auf die nächsten Ferien freuen, würde ihm das Leben nur halb so viel Spaß machen. Der Franz denkt: Ferien sind so schön, weil man da nichts müssen muss!
Wenn keine Ferien sind, muss der Franz allerhand. Punkt sieben Uhr muss er aufstehen. Zehn Minuten später muss er im Bad sein. Viertel vor acht muss er aus dem Haus gehen. Punkt acht Uhr muss er in der Schule hinter seinem Pult sitzen. Dann muss er vier Stunden lang

den Mund halten und darf nur reden, wenn ihn der Lehrer etwas fragt. Und so mies geht das den ganzen Tag weiter!

Hausübung muss er schreiben. Turnzeug muss er suchen. Schultasche muss er einräumen. Ein Gedicht muss er lernen. Und zeitig ins Bett gehen muss er auch! Wenn keine Ferien sind, ist das Leben vom Franz schrecklich eingeteilt. Das

Das sind deine Pflichten!

mag der Franz nicht. Er denkt: Wär doch nichts dabei, wenn ich hin und wieder ein bisschen später in die Schule käme. In den ersten paar Minuten ist ohnehin nichts los! Er denkt: Würde doch nichts ausmachen, wenn ich manchmal keine Hausübung schreiben würde. Würde ich eben am nächsten Tag doppelt so viel schreiben. Ob ich jeden Tag fünf Sätze oder jeden zweiten Tag zehn Sätze schreibe, kommt auf das Gleiche raus. Er denkt auch: Wär kein Unglück, wenn ich am Abend lang fernschauen würde. Tät ich halt in der Schule ein bisschen gähnen.

Oft beschwert sich der Franz bei der Mama: „Warum muss ich so viel müssen?“ Dann sagt die Mama: „Das sind eben deine Pflichten!“

Pflicht
Pflicht
Pflicht
Pflicht
Pflicht
Pflicht

Manchmal sitzt der Franz in seinem Zimmer und murmelt verbittert: „Pflicht-Pflicht-Pflicht ..." Je länger er murmelt, umso hässlicher kommt ihm dieses Wort vor. Für den Franz ist „Pflicht" das hässlichste Wort der deutschen Sprache.

Wenn Ferien sind, hat auch die „Pflicht" Ferien. Der Franz kann schlafen, so lange er mag. Hausübung gibt es keine. Er muss die Schultasche nicht einräumen. Am Abend darf er lange aufbleiben. Und am Vormittag kann er gähnen, so viel er nur mag.

In den Ferien ist das Leben so, wie es 365 Tage im Jahr sein sollte!

Wo der Franz bleibt

Der Papa und die Mama freuen sich nicht über die Ferien vom Franz. Sie gehen zur Arbeit und haben viel weniger Urlaub, als der Franz Ferien hat. Kommen Ferien, gibt es immer das Problem: Wer hütet den Franz? Der Josef mag den Franz nicht hüten. Er sagt: „Der Zwerg ist mir lästig!" Muss er trotzdem auf den Franz aufpassen, ist er ekelhaft. Wenn dann die Mama von der Arbeit kommt, hockt der Franz in seinem Zimmer und weint. Darum kümmert sich die Oma in den Osterferien um den Franz und fährt mit ihm zum Kugler-Bauern. In den Weihnachtsferien nimmt die Mama Urlaub, in den Zeugnisferien der Papa. Für die Sommerferien bleiben dem Papa und der Mama dann nur noch drei Urlaubswochen. Doch die Ferien vom Franz dauern neun Wochen! Und der

Franz kann nicht sechs Wochen lang, vom Montag bis zum Freitag, vom Morgen bis zum Abend, allein daheim sein. Mit acht Jahren ist man zum Alleinsein noch zu jung!

In den sechs Ferienwochen, in denen der Papa und die Mama arbeiten müssen, kümmert sich jede Woche jemand anders um den Franz. Eine Woche ist er bei der Gabi. Eine Woche kommt die Lilli. Die ist eine Studentin. Eine Woche geht der Franz zur Tante Betti, eine Woche geht er ins Altersheim zur Oma. Und eine Woche geht er zum Eberhard Most. Der ist ein Schulfreund von ihm. Und eine Woche ist er beim Opa Pribil. Der ist kein echter Opa. Der ist ein alter Mann, der im Haus vom Franz wohnt.

Der Franz ist gern jede Woche woanders. Bei der Gabi ist er gern, weil er die Gabi gern hat. Die Woche mit der Lilli mag er, weil die Lilli toll spielen kann. Ins Altersheim geht er gern, weil sich die alten Leute dort über seinen Besuch freuen. Bei der Tante Betti ist es schön, weil die den Franz den ganzen Tag fernschauen lässt. Zum Eberhard geht der Franz gern, weil er mit dem Spiele

spielen kann, die die Gabi und die Lilli nicht mögen: Bankraub, Schiff-in-Not, Marslandung und Fliegerabsturz. Und die Woche beim Opa Pribil liebt der Franz, weil der Opa Pribil supertoll Geschichten erzählen kann.

Wie der Franz das Problem löste

Als das zweite Schuljahr vom Franz zu Ende ging, zwei Wochen vor den Ferien, sagte die Mama: „Der Opa Pribil zieht weg! Diesmal fällt deine Woche bei ihm aus!“

Der Franz sagte: „Bin ich halt dafür zwei Wochen bei der Tante Betti.“ Er dachte: 11 Fernseh-Programme sind auch so gut wie die Geschichten vom Opa Pribil.

Die Mama sagte: „Mit der Betti klappt es auch nicht. Die bekommt erst im Herbst Urlaub!“

Der Franz sagte: „Besuch ich eben drei Wochen die Oma.“ Er dachte: Im Altersheim gibt es auch Fernsehen und Leute, die Geschichten erzählen.

Die Mama sagte: „Geht nicht. Die Oma ist in diesem Sommer auf Kur!“ Die Mama seufzte. „Und die Lilli hat auch abgesagt. Die hat einen besseren Job gefunden!“
Der Franz fragte: „Bin ich dann drei Wochen bei der Gabi und drei Wochen beim Eberhard?“ Die Mama schüttelte den Kopf. „Mehr als eine Woche beim Eberhard, das wäre eine Zumutung für die Frau Most!“
Den Franz kränkte es, eine Zumutung zu sein. Aber das sagte er nicht. Er fragte: „Dann bin ich fünf Wochen bei der Gabi?“
Die Mama sagte: „Bei der Gabi kannst du nur zwei Wochen sein. Nachher ist sie mit ihren Eltern in Italien.“
Der Franz zählte zusammen: 2 Wochen

Gabi, 1 Woche Eberhard, 3 Wochen mit Papa-Mama, das machte: 6 Wochen! Der Franz fragte: „Und wo bin ich die restlichen drei Wochen?“

„Keine Ahnung“, sagte die Mama und seufzte.

Da fiel dem Franz ein: Der Eberhard fährt in den Ferien für drei Wochen in ein Kinderheim. Ganz begeistert hatte er dem Franz davon erzählt. Herrlich sei es dort! Das Essen super, die Heim-Tanten prima, sogar ein Pony zum Reiten gebe es dort und einen See zum Baden. Und eine Wiese mit Turngeräten!
Der Franz sagte: „Wie wär's denn, wenn ich mit dem Eberhard ins Heim fahre?"
„Das wäre eine Lösung", sagte die Mama.

Im Kinderheim war noch ein Platz frei. Die Mama freute sich sehr. Aber der Franz freute sich von Tag zu Tag weniger. Am letzten Schultag war ihm schon richtig mulmig zu Mute. Er war noch nie ohne Papa, Mama oder Oma von daheim weg gewesen. Keine einzige

Nacht in seinem Leben hatte er bisher ohne Mama, Papa oder Oma verbracht. Vor den Nächten im Heim war dem Franz so bange. Doch das sagte der Franz niemandem. Er wollte seine Angst nicht zugeben. Er meinte, es sei blöd, sich vor Nächten ohne Verwandtschaft zu fürchten.

Die letzten Tage vor der Abfahrt ins Heim betete der Franz jeden Abend: „Lieber Gott, mach mir Masern! Jungfrau Maria, schick mir die Grippe! Christus, brich mir ein Bein!"

Leider nützten die Gebete nicht. Am Abfahrtstag war der Franz pumperlgesund. Doch er hoffte: Vielleicht gibt es auf dem Weg zum Bahnhof einen Stau. Dann versäume ich den Zug. Es gab keinen Stau! Pünktlich waren die Mama

und der Papa mit dem Franz am Bahnhof.
Der Franz dachte: Jetzt hilft nur noch Ausrutschen-Hinfallen-Gehirnerschütterung! Dreimal versuchte er es. Einmal in der Halle, einmal auf der Rolltreppe, einmal auf dem Bahnsteig. Beim ersten Mal hielt ihn der Papa fest, beim zweiten Mal fing ihn die Mama auf, beim dritten Mal plumpste er dem Eberhard in die Arme und der rief: „Fein, dass du schon da bist!“
Da war dem Franz klar, dass es kein Entrinnen mehr gab. Er ließ sich vom Papa und der Mama küssen und vom Eberhard in den Zug schubsen und in ein Abteil ziehen. Dort saßen schon zwei Buben.
Der eine zeigte auf den Franz und fragte

Gleis 1-4

den Eberhard: „Ist das dein kleiner Bruder?“
Der Eberhard rief: „Spinnst du? Der Franz geht mit mir in eine Klasse!“
Da sagte der andere Bub: „Dann gehört er ins Buch der Rekorde, als kleinster Achtjähriger der Welt!“

Der Franz stellte sich zum Fenster. Er schaute hinter dem Papa und der Mama her, die in die Bahnhofshalle gingen. Tränen stiegen ihm in die Augen.
„Bist du traurig?“, fragte der Eberhard. Der Franz gab keine Antwort. Ein trauriger Franz konnte ja nur piepsen. Hatte gerade noch gefehlt, dass die zwei Buben dann gesagt hätten: „Der Winzling gehört ja ins Buch der Rekorde, als piepsigster Piepser der Welt!“

Wie der Franz streikte

Im Kinderheim war es gar nicht so übel, wie der Franz befürchtet hatte. Am ersten Tag lachten zwar ein paar Buben über den Franz. Weil er so klein war. Doch der Eberhard stellte das gleich ab. Er drohte: „Wer den Franz beleidigt, wird von mir zu Brei gestampft!“

Da ließen die Buben den Franz in Frieden. Aber die meisten Kinder waren ohnehin gleich von Anfang an lieb zum Franz. Und die Nächte waren auch nicht so schlimm. Der Franz schlief mit dem Eberhard und dem Tommi in einem Zimmer. Die beiden schnarchten um die Wette. Der Eberhard schnarchte so pfeifend wie der Papa, der Tommi

schnarchte so röchelnd wie die Mama.
Da kam sich der Franz fast vor wie
daheim!

Die eine Heim-Tante, die Tante Olli, machte den Franz zum Pony-Friseur. Der Franz durfte dem Pony jeden Tag den Schweif bürsten.
Beim Schwimmen im See war der Franz der Beste! Obwohl er um einen Kopf kleiner war als die anderen, war er denen immer um eine Franz-Länge voraus. Darauf war er sehr stolz.
Sogar das Essen im Heim schmeckte gut.
Bloß auf dem Kakao war immer

eine Haut obendrauf! Eigentlich störte den Franz nur eines: Alles war eingeteilt! Halb acht musste man aufstehen. Punkt acht Uhr musste man Frühstück essen. Um neun Uhr musste man auf die Wiese spielen gehen. Punkt zwölf Uhr war Mittagessen. Und so ging das weiter, bis zum Abend. Da musste man Punkt acht Uhr im Bett sein und Punkt neun Uhr das Licht löschen.

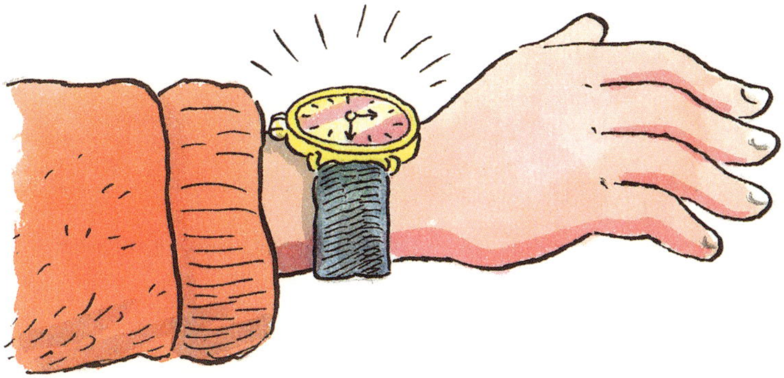

Dem Tommi und dem Eberhard gefiel das auch nicht. Sie gaben dem Franz Recht, wenn er maulte: „Immer wird man eingeteilt!“
Und eines Tages, als der Gong zum Mittagessen rief, legte sich der Eberhard aufs Bett, verschränkte die Arme über der Brust und sagte: „Da spiel ich nicht mehr mit!“
„Ebenso!“, sagte der Tommi, legte sich aufs Bett und verschränkte die Arme über der Brust.
„Wir müssen aber essen gehen“, sagte der Franz.
„Wir müssen gar nichts“, sagten der Tommi und der Eberhard. Da legte sich der Franz auch auf sein Bett. Er verschränkte die Arme über der Brust und schielte auf die Armbanduhr.

Zwölf nach zwölf ging die Tür auf, ein Bub rief ins Zimmer: „He, essen kommen!"
Die drei rührten sich nicht, da murmelte der Bub „Deppen" und ging weg. Der Franz blinzelte weiter auf die Uhr.

Zwanzig nach zwölf ging wieder die Tür auf. Die Tante Olli kam herein. „Seid ihr krank?“, fragte sie.
„Wir sind gegen die Einteilung“, sagte der Eberhard.
Und der Tommi sagte: „Wir wollen nicht immer nach der Uhr!“
Und der Franz piepste: „Weil es in den Ferien keine Pflicht geben soll!“
„Wie wollt ihr’s denn?“, fragte die Tante Olli.
„Locker“, sagte der Eberhard.
„Nach Lust und Laune“, sagte der Tommi.
„Spontan“, piepste der Franz und war stolz darauf, so ein schönes Fremdwort zu wissen.
„Ich fürchte nur“, sagte die Tante Olli, „wenn ihr spontan, nach Lust und Laune, locker in den Speisesaal kommt, werden

die anderen Kinder alle Schinkenfleckerln aufgegessen haben!“
Da sprang der Eberhard aus dem Bett und raste aus dem Zimmer zum Speisesaal. Der Tommi raste hinter dem Eberhard her. Schinkenfleckerln waren die Leibspeise der beiden!
„Na, und du?“, fragte die Tante Olli den Franz. Der Franz blinzelte auf die Uhr. Dreißig Minuten nach zwölf Uhr war es. Der Franz dachte: Halb eins, das ist eine gute Essenszeit. Und die habe ich mir selber ausgesucht. Spontan und locker, nach Lust und Laune.
Dann ging der Franz mit der Tante Olli in den Speisesaal und bekam die allerletzte Portion Schinkenfleckerln.
Zwei Tage später bekam die Mama vom Franz eine Ansichtskarte. Auf der

Vorderseite waren das Kinderheim und der See, auf der Rückseite stand:

LIEBE MAMA! WIR HABEN GESTREIKT, WEIL WIR NICHT UM ZWÖLF ESSEN WOLLEN! WEIL WIR ABER UM ZWÖLF SOWIESO HUNGER HABEN, ESSEN WIR AB JETZT FREIWILLIG UM ZWÖLF! BUSSI FRANZ

Wie sich der Franz rächte

Einmal, am Abend, als sie im Bett lagen, sagte der Tommi: „Ich muss mich am Michi rächen!"
„Warum?", fragte der Eberhard.
„Weil der Michi gesagt hat, dass ich ein Affe bin", antwortete der Tommi.
„Der ist selber ein Affe", sagte der Eberhard. „Der glaubt nämlich an Gespenster."
„Super!", rief der Tommi. „Dann werde ich ihn als Gespenst erschrecken."
„Wie denn?", fragte der Eberhard.
„Ich ziehe mir ein Leintuch über den Kopf", erklärte der Tommi. „Und darunter habe ich eine Taschenlampe, die leuchtet sehr schaurig durchs Leintuch durch.

Und dann schleiche ich in sein Zimmer, zu seinem Bett und röchle, bis er munter ist!“
Der Franz fand das gemein. Aber das sagte er nicht. Das hatte keinen Zweck. Der Tommi war stur, der hätte auf den Franz bestimmt nicht gehört.
Der Franz dachte: Ich werde verhindern, dass er den armen Michi erschreckt!
Und dann fiel dem Franz noch etwas ein. Es fiel ihm ein, dass er eigentlich allerhand Grund hätte sich am Tommi zu rächen.
Fast jeden Tag ärgerte der Tommi den Franz. Er legte einen nassen Schwamm

unter seine Bettdecke. Er versteckte seine Hosenträger. Er nähte ihm ein Hosenbein zu. Er warf eine Plastikfliege in seinen Suppenteller. Einmal hatte er ihm sogar einen Schuh am Fußboden angenagelt! Und wenn sich der Franz darüber aufregte, sagte er bloß: „Sei kein Langweiler! Spaß muss sein!"
Der Franz dachte: Na warte, Tommi! Wer andern eine Grube gräbt, fällt selbst hinein! Am nächsten Vormittag flüsterte der Franz dem Michi zu: „Ich muss mit dir reden, geheim! Folg mir unauffällig!"
Hinter dem Haus, zwischen den Abfallkübeln, hockten dann der Franz und der Michi sehr lange. Sie tuschelten und kicherten. „Alles klar?", fragte der Franz schließlich. „Alles klar!", antwortete der Michi.

Nach dem Mittagessen musste man im Heim eine Stunde Mittagsruhe halten. Meistens lasen der Eberhard, der Tommi und der Franz während der Mittagsruhe. Oder sie schrieben Karten. Doch an diesem Tag sagte der Tommi: „Ich muss jetzt schlafen, damit ich am Abend putzmunter bin. Zum Geistern!“

„Wann geht's denn los?", fragte der Franz.
„Um Mitternacht natürlich", sagte der Tommi.
Und der Eberhard kicherte: „Gespenster treten immer Schlag zwölf auf."
„Sowieso", sagte der Franz. Dann murmelte er: „Ich muss mal", und tat, als liefe er aufs Klo. In Wirklichkeit lief er ins Nachbarzimmer und flüsterte dem Michi etwas zu.

Am Nachmittag borgte sich der Franz vom Kurti den Wecker, stellte ihn auf „5 vor 12" und gab ihn dem Michi. Ganz heimlich natürlich! Auch dem Eberhard sagte er nichts davon, denn der Eberhard fand die Geister-Idee vom Tommi gut. Er freute sich schon auf Mitternacht. „Wird ein Riesenspaß werden", sagte er.
„Ganz sicher", sagte der Franz und lächelte dabei hinterhältig.
Am Abend wartete der Tommi brav in seinem Bett, bis es neun Uhr vorbei war, bis im Haus alles still war, bis es draußen stockfinster war. Im Zimmer war es auch stockfinster. Nach neun Uhr durfte in keinem Zimmer mehr Licht brennen.
Es wurde zehn Uhr, es wurde elf Uhr.

Der Eberhard gähnte mächtig. Sogar der Tommi gähnte ein bisschen. Putzmunter

war bloß der Franz. Der hatte vor Aufregung Herzflattern und Nabelsausen. Dann fragte der Eberhard: „Tommi, willst du die Geisterei nicht vorverlegen? Mir fallen schon die Augen zu."
„Nur nicht", piepste der Franz. „Richtig schaurig ist es erst um Mitternacht!"
„Genau!", sagte der Tommi und wartete weiter, im Stockfinstern. Aber alle paar Minuten knipste er die Taschenlampe an und schaute auf die Uhr. Endlich sagte er: „Drei vor zwölf! Ans Werk, Freunde!"
Der Eberhard und der Franz sprangen aus den Betten und zogen die Leintücher von den Matratzen. Im Schein der Taschenlampe wickelten sie den Tommi in das eine Leintuch und legten ihm das andere Leintuch über den Kopf. Schaurig schaute das Tommi-Gespenst aus!

Richtig zum Fürchten! Besonders das Taschenlampenlicht, das schummrig durchs Leintuch flackerte, war zum Gänsehautkriegen!

„Los geht's!“, murmelte das Gespenst und tappte zur Tür und trat auf den Flur hinaus. Der Eberhard und der Franz kamen hinter dem Gespenst her. Auf dem Flur war es düster. Nur vorne, bei der Treppe, brannte ein winziges Lämpchen.
Das Gespenst tappte zum Nachbarzimmer. Leise öffnete es die Tür und huschte ins Zimmer hinein. Schnell zog der Franz die Tür wieder zu.
Hinter der Tür fing es an zu stöhnen, zu schnaufen und zu röcheln. Entsetzlich schaurig und schrecklich laut. Das konnte

nicht der Tommi sein! So vielstimmig konnte auch ein sehr begabtes Gespenst nicht röcheln, stöhnen und schnaufen! Und dann wurde die Tür aufgerissen, das Tommi-Gespenst wankte aus dem Zimmer und plumpste dem Eberhard in die Arme. Total zittrig war es! Der

Eberhard hielt das zitternde Gespenst in den Armen und starrte ganz verdutzt ins Michi-Zimmer hinein. Im Zimmer waren vier Betten. In jedem saß ein schauriges Gespenst, mit einem Leintuch über dem Kopf, durch das Taschenlampenlicht schummrig flackerte. Und das Gespenst, das im Michi-Bett hockte, rief: „Bist eben doch ein Affe, Tommi!“

Der Tommi zitterte so stark, dass er gar nicht richtig gehen konnte. Der Eberhard schleppte ihn ins Bett zurück. Dort lag der Tommi dann und zitterte weiter. Lang dauerte es, bis er sich beruhigt hatte und eingeschlafen war.

Am nächsten Morgen fragte der Tommi ganz grimmig: „Wer von euch beiden hat mir das eigentlich eingebrockt?"
„Das wirst du nie erfahren", sagte der Eberhard. Wenn's wirklich darauf ankam, hielt der Eberhard immer zum Franz!
Und der Franz piepste: „Ist ja auch egal! Sei kein Langweiler! Spaß muss sein!"

SONNE·MOND·UND·STERNE

Die farbige Oetinger Kinderbuch-Reihe

KIRSTEN BOIE

Ein Hund spricht doch nicht mit jedem

King-Kong, das Geheimschwein

King-Kong, das Liebesschwein

King-Kong, das Reiseschwein

King-Kong, das Schulschwein

King-Kong, das Zirkusschwein

Lena findet Fan-Sein gut

Lena hat nur Fußball im Kopf

Lena zeltet Samstagnacht

Vielleicht ist Lena in Lennart verliebt

ERHARD DIETL

Die Olchis sind da

Die Olchis fliegen in die Schule

Die Olchis ziehen um

RUDOLF HERFURTNER

Liebe Grüße, dein Coco

Robert fährt im Bus zur Schule

ASTRID LINDGREN

Als der Bäckhultbauer in die Stadt fuhr

PAUL MAAR

Der Buchstaben-Fresser

Das kleine Känguru und der Angsthase

PIRI und KLAUS MEYER

Und nachts rollern die Hunde

CHRISTINE NÖSTLINGER

Feriengeschichten vom Franz

Fernsehgeschichten vom Franz

Geschichten vom Franz

Hundegeschichten vom Franz

Liebesgeschichten vom Franz

Neues vom Franz

Schulgeschichten vom Franz

Neue Schulgeschichten vom Franz

Ein Kater ist kein Sofakissen

BETTINA OBRECHT

Hier wohnt Gustav

Jonas läßt sich scheiden

Julian und das Mamapapa

URSEL SCHEFFLER

Der Luftballon aus Avignon

WILHELM TOPSCH

Ein Esel kommt selten allein

CHRISTA ZEUCH

Die kleine Hexe Xixibix

Lollipopps Geheimversteck

CHRISTINE NÖSTLINGER

Allerhand vom Franz

Wer den Franz nicht mag, bei dem kann was nicht stimmen, hat ein Kritiker gesagt. Recht hat er. Denn ob ringellockig, stachelhaarig oder mit Fastglatze, der Franz ist ein enorm liebenswertes Geschöpf. Ein sympathischer Anti-Held, dessen Charme man sich schwerlich entziehen kann, ob man nun sechs ist oder sechzig. Die schönsten Geschichten vom Franz - in diesem Buch sind sie gesammelt. Zum Vorlesen, zum Selberlesen und zum Wiederlesen, aber auch zum Franz-erst-kennen-lernen. Mit mehr als zwanzig farbigen Bildern.

Verlag Friedrich Oetinger · Hamburg

CHRISTINE NÖSTLINGER

Rosalinde hat Gedanken im Kopf

Rosa ist eine Farbe und Linde ist ein Baum. Eine rosa Linde gibt es nicht, aber eine Rosalinde, die gibt es! Sie hat ein Loch im Socken, einen Verband ums Knie, einen Marienkäfer in der Hand, eine Kette um den Hals und - Rosalinde hat Gedanken im Kopf. Freudengedanken und Trauergedanken. Und manchmal Berufsgedanken. Dann möchte Rosalinde Fußballerin werden wie der Fredi, der in der Schule neben ihr sitzt, oder Baggerführerin oder Hochseekapitänin oder Düsenfliegerpilotin. Aber der Fredi behauptet, Mädchen sind dafür nicht begabt. Ob er Recht hat, der Fredi?

Verlag Friedrich Oetinger · Hamburg